DEHORS EST LA VILLE

© 2016 François Bon & Tiers Livre Éditeur

ISBN-13 : 1535458580

François Bon

DEHORS EST LA VILLE

essai sur Edward Hopper

Réfléchir à ce que les toiles d'Edward Hopper, depuis leur américanité profonde, les tenseurs que sont New York et Cape Cod, mais aussi aussi la traversée d'un siècle qu'il semble esthétiquement ignorer, avec au milieu cinq années pendant lesquelles le peintre traitera d'intérieurs de cinémas (dispositifs de projection d'images animées), déplacent à jamais de notre perception du dehors, dans un contexte urbain désormais généralisé. On connaît mieux désormais, pas ses notes, ses ébauches, la façon qu'avait Hopper de construire ses images. C'est aussi dans leur fabrication qu'elles nous apparaissent. Ces vingt-huit incises, sur vingt-huit toiles de Hopper (on a gardé leurs titres, elles seront faciles à retrouver sur Internet – cependant, c'est bien à une recomposition mentale de la démarche sans images, à partir des propres expériences urbaines de chacun, qu'on voudrait inciter), voudraient mettre cela en vibration : convoquer notre propre attention à la part inconnue du bouleversement que nous sommes, ou qui nous englobe. J'avais hésité à intituler ce livre *Poème pour Edward Hopper*. Une première version – et plus brève – de ces textes avait paru dans la colleciton *Musées secrets* des éditions Flohic en 1998.

conscious of the spaces and elements
beyond the limit of the scene itself
E.H., 1929

CETTE VILLE est une fiction. Ce qui se peint c'est notre idée de la ville, ce que nous mettons en jeu entre nous et le dehors lorsque nous disons le mot ville.

Parce que c'est là qu'on marche, et qu'entre soi et les autres s'est déposé le ciment et hissée la géométrie, et ce qui rend les visages indistincts et pareilles les fenêtres. La ville est ce qui nous sépare des autres hommes, c'est pour cela qu'elle lève de l'eau, séparée de nous par l'eau puissante et trouble, métaphore de ce balancement jaune entre soi-même et les autres, par quoi on se regarde soi-même aussi, là où on est : on est dans cette ville, là-bas sous le ciel jaune, la ville trouée de grandes saignées faites droit entre les blocs pour que les hommes traversent et se montrent.

Et le ciel est une folie dressée, comme un cri dirait cette volonté d'arracher la peau du monde et de s'enfuir mais la ville vous colle à son sol, vous coince dans ses alvéoles.

L'usine tout devant, rien qu'un cube massif avec des cheminées : la ville en imposant ses volumes reste opaque, et cela vaut pour tout le paysage humain derrière, là où tout, eau, ciel et ville sont étendus à l'horizontale sauf cette usine, sans lampe ni veilleur. L'usine et son mystère témoignent seuls de par quoi la ville commande à ceux qui la font.

Rien ici qui soit pour l'homme, astreint à ces brouillons de fenêtre entre l'eau jaune et le ciel fou.

DANS LA FICTION qu'est la ville, ne compte pas la chronologie de celui qui la dresse, toile après toile, en quarante ans de marche continue.

Ne compte pas la disparité des indications par quoi il cherche à nous tromper. Bien sûr c'est d'une seule ville qu'il s'agit, et bien sûr c'est d'une seule nuit qu'il s'agit. C'est d'une ville de notre temps qu'il s'agit, une ville qu'on pourrait trouver au bout n'importe où d'une route, là où s'arrêtent les rails et qu'on descend, qu'on franchit le quai. C'est la ville par quoi toute ville nous est présence, et notre ville elle-même nous est présence, à l'arrêt qu'on marque près d'un trottoir, à tout retrait du bruit puisque la ville peinte ne comporte ni mouvement ni bruit, et même les couleurs s'affichent sans désordre. Tout rangé comme lorsqu'on vient le front contre la vitre, toute l'œuvre entièrement le front contre les vitres, là où on pense et comme on pense dans l'interrogation des choses, la question qu'on a sur l'immobilité terrible d'un instant où tout vient sur la même surface, qui on est et d'où on vient, précisément par cette présence des choses.

De chaque point du rectangle tout nous parvient à même distance et c'est une contradiction optique scandaleuse : le centre nous devrait être plus immédiatement présent et il ne l'est pas, ne dispose d'aucune antériorité par rapport aux points les plus éloignés de la surface.

Alors la fiction n'est pas de reconstruire un monde linéaire de mots qui viendrait monter après le silence des toiles, où a déjà cessé tout bruit de la ville et donc des paroles qu'elle condense. La fiction c'est seulement d'accéder à cette présence, d'être là devant cette fenêtre où vole un rideau, d'où nulle parole ne nous vient et puis, dans le même glissement de présence, d'être maintenant dans la rue vide du dimanche matin, où les fenêtres sont rouges et les vitrines vertes, où les mots sont illisibles parce que personne ne requiert les objets qui ici subsistent, que le langage donc ne sert plus et disparaît : les signes du monde ne valent que si nous sommes-là pour les lire.

Ici nous sommes venus, nous regardons la rue vide du dimanche matin, mais nous sommes mis en retrait de notre pratique de la ville : s'il faut marcher ou bien attendre, ou encore parler ou faire sonner la porte de la vitrine verte, rien ne nous en est signifié.

La fiction alors seulement cette venue muette, où tout glisse, égalité horizontale et suspendue, plutôt comme le rêve que nous portons debout dans notre activité diurne, la présence de la ville celle seule que nous-mêmes lui conférons.

OFFICE AT NIGHT, 1940

PARCE QUE LA VILLE n'est pas une présence fixe mais une conjonction d'éclats de temps, et que ces éclats ne sont pas disposés seulement sur la surface horizontale d'un plan, mais que la ville c'est une dispersion là posée sur la planète et à peine y flottant.

Tout est pourtant comme cela doit l'être. On prend un train le soir, et à ce moment-là le train s'est élevé du sol sur une armature de fer ou de pierre, à ce moment-là le train dans son vacarme de fer glisse face à ceux qui l'ignorent parce que pour eux c'est un temps dont la répétition est identique. On a vu, à cet instant, l'homme pâle ou blême (mais c'est peut-être l'effet seulement de la lampe), assis à sa table, et une silhouette à l'arrière tournée vers lui et sans doute y avait-il de l'un à l'autre parole, en tout cas le mystère théâtral de ce qui retient un instant un corps à un autre corps, et rien de cela n'a duré. Le train a continué, on était séparé.

Ce qu'il faut retenir, c'est que la vérité même est séparée de nous, isolée par l'éclat de temps et non reproductible, et que cette parole qui un instant liait deux êtres dans l'immense volume de la ville au-dessus de la planète, où la lumière crée comme autant de grottes carrées dans cette nuit, ce qu'on en a perçu c'était trop encore.

L'homme il a fallu lui délaver les traits, parce que c'est cet homme blême qu'on porte en nous quand on est de la ville. Et ce qu'il y avait sur les murs, qui définissait encore une singularité, cela non plus le peintre ne l'a pas gardé, quand bien même on avait reconnu que c'était encore image de la ville, emboîtement de la ville en elle-même.

Tout ici jeu de lampes et de rectangles dans la lumière, saisi en un instant dans le vacarme du fer traîné haut dans le ciel de la ville, quand la nuit seule révèle ce qui reste dans les grottes et qui est fixe, séparé du monde et de nous, et qui est pourtant nous et la totalité du monde.

Le hasard d'un geste surpris, et l'armoire de fer et la lampe contiennent l'étude sûre d'un savoir à nous inaccessible, qui nous concernerait pourtant.

Cela même dont nous n'avons connaissance que parce qu'emportés.

ET QUE LA VILLE peut être ne pourrait rassemblée qu'ainsi, prise au détour, non pas dans ce qui serait fixe et permanent (c'est fixe et permanent), mais dans ce qui se refait d'instantané pour l'œil en mouvement, l'œil qui ne peut fixer parce que lui-même ne peut s'arrêter.

Un instant surgit une vérité fixe de la ville, mais ici on ne peut venir et peindre. On a vu, un instant. On a été emmené.

Si par hasard on pouvait revenir, planter — même pas un chevalet et une toile — le bloc de papier et les crayons Conté, on ne saurait plus rien voir. Rien qu'un tunnel s'enfonçant sous des maisons.

Les maisons sont banales et grises, les rails sont ceux des trains de banlieue qui passent chaque quart d'heure, et il y a un escalier de service qui rejoint la rue et les rails. Derrière les fenêtres sont des gens et sans doute leurs meubles tremblent, sans doute les vitres des fenêtres noircissent plus vite parce qu'ici on est si près des trains. Rails pour jamais vides, rien ni personne n'est jamais entré dans ce tunnel, rien ni personne n'habite les géométries orange ou pâles qui dominent, le ciel même mangé.

Ce qui peut nous être livré d'une vérité de la ville, parce qu'il ne nous a pas été possible de s'y arrêter : on était emmené dessous, et c'est cela qu'il faut voir, que la ville existe et que notre chemin peut lui échapper, resurgir peut-être de l'autre côté, qu'il y a un dehors à la ville.

Enfoncement où tout grandit, où tout pèse et s'agglomère, et finalement vous surplombe et vous englobe, la ville.

Dans cette séparation de l'homme et du ciment est une frontière où s'inverse ce qui domine, et c'est cela qu'il faut peindre. Alors on a saisi seulement la séparation, ce qu'on se souvenait d'un instant, et le dessin est venu de ce que le regard, à vitesse du train s'échappant de la ville, a traversé sans s'arrêter. Et malgré la vitesse, à cet instant pourtant la géométrie parle, qui disait l'avalement, et l'exact empilement de toutes choses sous le ciel, qu'on nomme ville. C'est justement parce qu'on n'a pas pu s'arrêter.

Cette ville où nous-mêmes désormais venons naître. On ne peut pas voir à distance, parce que la ville qu'on approche nous la contenons déjà en nous, se mettre face à elle et son tunnel nous aspire.

Figures solitaires de la ville.

Figures prisonnières de la ville. On est devant une table, et la dissymétrie des bras c'est le théâtre par quoi le corps se refait et résiste, affirme son indépendance d'être. Les objets sur la table sont à leur place, comme la raie sur les cheveux. Il y a les fenêtres alignées qui prouvent comme est interchangeable l'individu dans la ville, et ce pan de mur opaque, ce par quoi le ciment dressé par les hommes les détache d'eux-mêmes.

Et voici dans la rue de la ville ce cube noir face à l'alignement terne de fenêtres mi-closes comme des paupières de choses, et c'est dans ce cube même qu'est le mur opaque, et cette femme dans son univers rigide. Ce qui est fait visible, c'est la place que nous assigne à chacun, sans choix (parce que rien dans le cadre ne pourrait permuter ou changer), la ville.

Les visages de la ville on ne les reconnaît pas. Les visages de la ville, ceux qu'on croise, à qui on parle dans un bureau ou une boutique, ne laissent pas trace en nous parce qu'ils n'interfèrent pas avec la sphère privée que nous transportons autour de nous-mêmes, comme nous n'interférons pas avec la leur.

Ce qui est peint de la ville c'est cette séparation. Le temps de la ville est clos et arrêté, ne dépend que des pans de murs monochromes, et la suspension ouverte du temps c'est le corps qui la crée, quand ici dans la petite ville, devant l'architecture géométrique d'une usine, un homme immobile lève les yeux sur le ciel, dans le noir de la boutique au soir sur la rue illuminée, saignée sombre dans la ville très haute et paradoxalement vide.

Ce qu'on peut seulement peindre de la ville, c'est cette ouverture parfois du temps, qui est l'homme.

HOTEL BY A RAILROAD, 1952

PARCE QUE POUR PENSER on vient
à la vitre là au front du temps, et que
c'est nous-mêmes dans un visages de choses que
la ville nous renvoie. La ville quand on la regarde
affirme aussitôt qu'elle ne vous a pas assigné place
fixe qui vous soit réservée et vous attend.

Ce qui est à conquérir chaque fois et toujours, c'est d'abord son identité pour les autres.
Dire qu'on se pense dans la ville contraint à se
poser soi-même dans ce mouvement où les signes
du monde qui vous entourent deviennent signes
reconnus de vous-même.

Soudain, du train d'où on entr'apercevait les
intérieurs figés, on s'est comme jeté dans les
murs. On est dans la coque carrée d'une chambre
qui sert à tous, une chambre d'hôtel mais encore
devant les rails. Depuis l'intérieur neutre de la
ville, il n'y a rien à voir que ce mur monochrome,
et, dans l'immense géométrie déployée (rideau
vertical en renvoi d'un pan de mur en décroche-
ment, bloc fauteuil et commode en appui de la
diagonale qui sous-tend la fenêtre), les rails ne
sont qu'une indication mineure.

Derrière est un mur gris. La simple indication pourtant des rails met la totalité de la cage
dans la circulation globale de la ville et c'est là le
geste fondamental du peintre : rien dans le miroir
(la géométrie elle-même, en abîme), et rien dans
le trou du dehors qui pourrait être miroir de
l'homme. Le modèle a pour prénom Jo (Josephine
Versille Nivison, épousée le 9 juillet 1924 — ils
sont depuis longtemps ensemble), Jo lisant un
livre, Jo assise sur un fauteuil, le modèle ensuite
projeté dans ce lavage obligatoire des visages sur
les raides fauteuils du sas par quoi l'hôtel s'ouvre à
la ville.

On voit depuis la porte et la distance est in-
franchissable, les a tous repoussés dans une
attente sans borne. Aucun événement de la ville
ne peut advenir là, où tout est géométrie et empi-
lements de carrés. On a son armature de
vêtements prête pour la ville et y surgir, statue en
marche dans son armature de signes. Il y a du
bleu et du rouge dans les robes, et du vert par
terre : les corps comme habillés de la vulgarité de
ce dans quoi on marche.

Dehors la ville est faite de ces saignées dans
un bloc, d'où on guette ceux qui ont encore identité et il ne vient personne. Il n'y a même plus le
visage du modèle qu'on a fait poser pour tous

ceux qui dans la ville attendent, derrière un livre (le livre blanc des signes morts).

C'EST LA SEULE FOIS que le corps représenté prend nom dans le titre de la toile, et sur la toile même.

Il n'a pas de visage, parce qu'il tourne le dos. Mais c'est un nom universel, nom de tigre ou de scintillances dans la nuit, surgi du passé avec son énigme portée dans la langue.

Et le nom et le temps et les mots sont une statue dans un parc, au moment de dernière lumière, avant que tout cesse, que la nuit vienne. Le nom, l'homme sur son socle, et toute la langue anglaise avec lui, sont là dans le désert. Il regarde la ville, mais est séparé de la ville où monte la nuit (c'est peut-être ça aussi, la langue). Les arbres sont des ébauches abstraites.

Au fond, la ville juste une ombre opaque, avec deux géants d'aujourd'hui, géants ramassés. Ce que la statue pourrait voir de la ville, on en a gommé les fenêtres et la précision, pour ne plus en laisser que l'opacité de silhouette : ce que le nom pouvait trouer de sa langue s'est retiré hors de portée. Sur un des géants opaques, deux lettres ont été hissées, et c'est forcément un *U* et un *S*, et c'est tout ce qui reste de langue sur le théâtre dominant de la ville. Le tigre hissé sur son piédestal de langue regarde la ville au loin, mais il n'est plus que statue conventionnellement figée dans la bêtise d'un parc.

Ici, par le nom *Shakespeare* et donc hors de la peinture, peindre signifie.

Cinéma 1 | Solitary figure in a theatre, 1902

ÉTRANGE LA VILLE, qu'elle ne se suffise pas à elle-même mais construise ces trous où on se met ensemble pour assister à ce qui nous représente. Ce sont ces trous avec des fauteuils devant rideau, scène ou écran. Compte cela, que les fauteuils soient vides, que ces rites de la représentation dans la ville fassent accéder tout aussi bien à sa propre solitude dans le monde. Il suffit d'une figure de dos, d'une découpure par l'horizontale, grand pan de couleur et ces fauteuils alignés comme ailleurs la géométrie des rues, des fenêtres.

L A TOILE PRÉCÉDENTE est restée dans l'atelier, elle n'a jamais été vendue. Soixante-et-un ans plus tard, le peintre revient au thème. Cette fois, il ose travailler de trois-quarts face — et le mur a évacué l'écran : c'est cela et cela seulement, le spectacle du monde ? M. & Mme Morris B. Pelavin ont acheté le tableau : est-ce la commanditaire qui pose, comme dans les anciens rituels de l'art religieux ? — est-ce peut-être la propriétaire même du cinéma ? Pour moi, ce qui compte, c'est le titre : entr'acte c'est bien plus étroit que Intermission. On a ouvert le temps, on a séparé la vie. Le cinéma lui-même est cette coupe.

CINÉMA 3 | NEW YORK MOVIE, 1939

MAINTENANT VOILÀ que ça s'allume. L'image a saisi avec elle la parole pour surgir par projection d'un écran vertical. Avec la trouée verticale des servantes au-dessus de l'allée, la lampe du couloir et ce que l'écran lui-même réfléchit, tout ce qui éclaire est produit de l'intérieur même de la toile. La toile, acceptant de figurer par le mot movie là où la parole s'est jointe à l'image, devient parlante.

Les visages sont là qui se taisent, mais la mutité est parole qu'on contraint et qu'on tient.

La parole est dans la lumière qui de la lampe vient sur la tête de la femme. Elle pense. La lumière prouve qu'elle pense, qu'elle a affaire à sa propre parole tenue silencieuse, bien plus que le geste même des doigts sur la joue ou la tension du masque autour du regard baissé, séparé du spectacle. Ici deux diagonales inverses s'affrontent et s'opposent, celle de l'écran qui éclaire les visages à contre-jour, et celle déterminée par le regard de la femme, qui passe derrière les visages, va sur les fauteuils vides qu'elle hisse à égalité de signifiant.

Revient ce mot, ouvreuse, que désormais nous avons perdu. Elle ouvre à l'espace clos du rite. Ce qui est ouvert est derrière elle, c'est un escalier devenu lui-même théâtre par l'art du rideau rouge. La ville au-dessus doit être ce théâtre, la ville à laquelle la femme qui pense pourrait initier. Ce à quoi elle pense n'est pas dans les fauteuils vides, c'est au-dessus, dans la ville.

Il n'y a plus de rideau rouge. En franchissant l'espace qui va du dessin à la toile, on passe à la fiction intérieure, portrait d'une ouvreuse comme volée au spectacle même, crayonnée sur un genou? La femme reste imprécise, lourde d'abord parce que la représentation lui est indifférente. Ce qui est convoqué de rituel, parce que l'écran est allumé, que des ombres grises s'y découpent, redouble le geste du peintre, et ce tableau.

C'est à nous de faire le travail, parce que tel est notre propre chemin vers nous-mêmes. Ici, quand on peint la scène même de la représentation, c'est cela qui compte : nous forcer à lire la mécanique d'hommes dans leur ville inorganique. De quel rituel cela participe, qui tient de ces empreintes de mains sur le fond des cavernes, et non pas de ce qui nourrit le peintre à cette époque, maisons qu'on représente sur toile pour accrocher dans le salon de leur propriétaire.

PUISQUE DÉSORMAIS on est dans la guerre, mais que la guerre n'est pas dite. C'est *Girlie Show*, la fille en montre pour les hommes. Du bruit, de la fumée, et ce corps nu, exposé dans sa vente humiliante, mais tout retenu à distance : un rideau noir nous sépare de comprendre. Jo encore une fois a été le modèle, ce corps on l'a raidi et déformé. La bouche, étirée par un déni de pensée, et la pose aussi des doigts participe de comment sont mutilés ceux qui s'abaissent à cette vente : d'obscènes oreilles dégagées, que les projecteurs illuminent.

Et dans un fragment de toile grand comme une main un visage est là, lui travaillé dans une totalité de sens : est dit ce qui détruit, est dit la séparation totale de ce qu'on vend et de ce qu'on fait, complicité implicite du peintre invisible et du musicien visible, mais qui ne regarde pas la femme (quelque chose survivrait de cela à la précision du pied de la strip-teaseuse, la robustesse même et la tension du pied tendu vers l'arrière). L'opposition est extrêmement simple, des oreilles décollées qui achètent la représentation vulgaire (ce corps offert les sépare du leur propre), et du

musicien pourtant sans mains et sans corps. C'est
cette simplicité même qui résume peut-être qu'on
a basculé dans la guerre : rideau noir sur le
monde, et nous-mêmes obligés de plier devant le
signifiant, maintenant signifiant mutilé.

Cinéma 5 | The Circle
Theatre, 1936

CE QUI RESTE du devoir du peintre, quand le monde entier tourne le dos. À cela servent dans la ville ces lieux qui se parent d'enseignes pour attirer le monde et exposent des échantillons d'image de ce qu'à l'intérieur ils montrent, architectures séparées de la ville et qui en délaissent les fenêtres (le thème récurrent du bloc vertical à fenêtre sur la gauche, qui fait qu'on marche toujours dans la même ville), comme cet escalier métallique collé à la paroi affiche dès le dehors l'échelle des dimensions respectives de la fourmi homme ravalée à sa dimension collective et du trou clos où il se représente.

Encore une fois, le lieu où sont honorés les mots est isolé des mots de la ville (le mot *Circle* aussi est mangé, un cercle dans la ville quand rien dans la toile n'évoque — que cette lanterne au-dessus — l'idée de cercle), si devient lisible ce panneau où il n'est question que d'ice-cream et sodas, et du slogan buy here and save, sous un carré rouge suspendu dans l'espace, et la précision complémentaire du double feu rouge en perspective directe avec l'entrée du gouffre : la ville entière est un théâtre.

COLD STORAGE PLANT, 1933

ON SORT de la ville.

C'est seulement une aquarelle. Derrière, il y a la mer, Cape Cod, le peintre et Jo l'épouse y ont un bungalow de bois. Ici, rien dehors (les dunes, la mer, le ciel sont vides), et personne dedans (chambre froide, entrepôt pour la conservation, isolement, durée). Pourtant, le peintre vient et travaille. Un angle est choisi, où les toits font diagonale, où la dune, la mer et le ciel font horizontales, et les bâtiments assemblage de pans géométriques dans une immédiate sensation.

À North Truro, quand on regarde exactement du même endroit de la dune, sous le même angle de cadrage, il y a pourtant que la cheminée (en 1933, des moteurs thermiques entraînent les pompes à fréon des réfrigérateurs) est une cheminée basse et trapue, qui s'arrête au niveau du toit du bâtiment le plus haut. Le peintre troue sa toile d'une verticale. Et n'existe pas non plus sur le toit terrasse cette structure alignant la suite de rectangles rayés des persiennes. Peindre trompe parce que rien de la simplicité dite n'obéit au réel qu'il représente.

Et c'est cela, aux chambres froides du Cold Storage Plant, dans ce désert des dunes devant la mer, ici dans ce lieu fétiche du couple Hopper, qu'il faut assimiler pour la géométrie de la ville, par où elle nous prend.

SUMMER EVENING, 1947

AINSI POSÉ QUE la peinture est un théâtre, advient sur la scène géométrique le seul face à face des corps, advient forcément la si vieille histoire à rejouer toujours d'un homme et d'une femme dans le cours géant du monde. Peut-être que c'est ce mot imprègne qui aiderait à entrer dans la novation faite, qui déborde de la peinture pour concerner aussi cette mystérieuse osmose en chaque temps de ce qui est neuf dans le récit : Edward Hopper est né le 25 juillet 1882, juste un an après Franz Kafka, et meurt quarante-cinq ans après lui, en 1967. La parenté, c'est ce même art d'inventer le récit sur la seule figure d'un instant immobile, et qui déborde par cette proximité de l'intime, qui semble gagner donc par imprégnation la totalité de surface de la toile : rien d'autre pourtant qu'un homme et une femme dans le jeu le plus vieux et qui se recommence toujours, sauf que la ville n'a pas de ciel, sauf cette dramaturgie faite de la disposition des surfaces et du jeu rectangulaire des couleurs, sauf que tout, hors la nuit, vient du travail par quoi les hommes tissent leur propre univers, ce qu'on dit la ville.

Les regards ne se rencontrent pas, la nuit est un abîme, la fenêtre ouverte à demi est opaque et la lumière vient d'une lampe, les horizontales (et la symétrie blanche noire des verticales en opposition simple à la dominante qu'elles trouent) sont bien plus terriblement fixes que l'homme et la femme variables, la chair est blafarde ou blême quand les matières dures on pourrait les caresser.

Room in New York, 1932

VOILÀ LA MÊME PORTE close et la même fenêtre opaque, la même présence de la nuit et la même force des horizontales, tout ce par quoi on échappe à la banalité des signes rassemblé avec excès puisque les tableaux que Hopper gomme d'ordinaire sont restés au mur, qu'il y a le piano et sa partition blanche, même si la femme ne fait qu'essayer du doigt une note, mais chacun sait ce qu'il y a d'appel dans cette répétition crispante : si le geste au piano eût été plus que ce doigt immobile, ce qu'il y a dans la tête et le regard absent auraient pu être avalés par la musique mais non, c'est un effondrement sur soi, dans ce qu'il y a d'irrejoignable aux regards — et probablement aux êtres.

Présents les symboles étriqués, cravate et chemise, transportés dans l'univers domestique, fauteuil et journal pour réinstaurer la carapace mutilante, celle qui protège de la quête de soi-même.

Excursion into philosophy, 1959

E T MÊME PLUS de nom de ville, rien que cette ville indéfinie qui est l'œuvre partout de l'homme sur le sol de la terre, mais plus aucun des signes par quoi l'homme s'apprivoise la beauté du monde. La géométrie change, parce qu'elle annonce l'ultime simplification du peintre : un trièdre dans la lumière. Il y a encore la couche dans l'angle, et le dépouillement du reste. Cette fois, c'est la femme qui regarde le mur, et l'homme qui est assis. L'homme est habillé, la femme est nue. Il y a un livre, mais l'homme ne lit pas, n'est pas en état de lire. Le mot fondamental n'est pas philosophy. Il compte, évidemment, pour son ambiguïté : le livre ne sert à rien, quand on a partagé la chair. Ce qui enseigne, sans autre détermination, c'est cette seule expérience, extrême et toujours ultime, par où on s'oublie dans l'autre. Le livre seul ne peut rien, quand il y a dos tourné, et la main qui ne peut rejoindre l'autre main. Le mot important c'est excursion, parce qu'il réintroduit le temps : dans le temps on entre et on sort. Dans la quête de soi-même il y a flux et reflux. Et c'est cette immobilité, et la totalité de séparation, qui permet la réalisation intérieure. On pourrait se cogner la tête sur le mur, y rayer au couteau le graffiti des deux noms, ou clore définitivement la fenêtre, rien ne perturberait la lumière. Qu'importe celui des deux qui a enfoncé son visage dans l'oreiller pour ne voir que le mur, et qu'importe celui qui le premier a voulu se rhabiller sans le regard de l'autre. En associant le mot excursion au mot *philosophy*, le peintre condamne l'homme à s'en aller seul dans le monde et la ville, il le contraint au monde séparé du livre et de l'autre, à relever ses mains et son regard vers la ville et agir en elle et sur elle, qui est plus forte que le destin individuel, c'est déjà dit dans les lumières. Sans recours.

NIGHTHAWKS, 1942

SAURIONS-NOUS même nous souvenir que le monde alors était en guerre ? L'obligatoire *Nighthawks*, dans son destin de cartes postales, a fait à lui seul moitié de la popularité de Hopper.

Nighthawks, c'est un retournement : la ville peinte comme intérieur.

Parce que ces saignées faites dans la géométrie des rues et des fenêtres toutes égales ne sont pas des liens reconstitués au ciel et à ce qui entoure la ville, le pays où on voyage et se déplace. Les saignées agrandissent seulement un intérieur de la ville, ont seulement rongé l'immense masse opaque et égale.

On peut croire que se rassembler va permettre d'être plus fort. On se met ensemble. Sans doute que c'est cela, un bar : un lieu qui permet que de corps à corps soit tissée la même fonction au même instant, être là, faire recevoir à l'autre sa propre présence pour croire soi-même à la sienne. Ici c'est public, on a le droit de rester.

Alors ici, dans la lumière fixe et quasi stérile de *Nighthawks*, nous rompons enfin la solitude qui est notre première condition, et dans la ville, et dans le monde.Mais chez Hopper se rassembler isole encore plus, et fait surgir de chaque point de la toile, quel qu'il soit, l'épaisseur de la grotte. Ils sont quatre, une ébauche de conversation se fait, une ébauche de rapprochement parce que le bras d'une femme touche presque le bras d'un homme, et que celui qui est là par fonction, le serveur, écoute comme il a dû le faire chaque soir de visages aussi parfaitement indifférents ce qu'on lui raconte.

Nous ne savions pas, même lorsque nous avons découvert *Nighthawks*, il y a si longtemps, qu'il deviendrait la plus exacte allégorie du devenir de nos villes, et que — maintenant que ce n'est plus peinture — cela nous terrifie encore plus.

Stairway at 46 rue de Lille, Paris, 1906

L A SEULE NOTION de présence Et peu importe qu'on ait traversé l'Atlantique en paquebot, qu'on ait découvert les vieilles capitales d'Europe et un autre ciel, des musées et une langue qui fait qu'on ne vous comprend pas. Le mot même d'Américain, là, en 1906, pour les gens qui vous parlent ? Et qu'on n'en dévissera pas des quarante ans à venir, de ce qu'on va trouver ce matin-là. Qu'elle ne compte pas, la vieille capitale, si pour peindre on se suffit de son palier, de la rampe d'escalier. Et que le surgissement de la ville peut se suffire de ce récit sur un seul instant suspendu, la géométrie passive de la ville telle qu'ici, sur ce palier, par cette rampe d'escalier, s'est faite fasse forme et langage. Il fera des tas d'autres choses, Edward Hopper, pour gagner sa matérielle : faire l'illustrateur pour les publicités de marques, reproduire à l'huile et sans rien gâcher les résidences secondaires des nouveaux bourgeois de Cape Cod. Quand il revient de son séjour d'apprenti-peintre à Paris, on lui demande s'il a rencontré Picasso : — *Who's that guy ?* Aux leçons et secousses du moderne , avoir préféré l'âpreté de Degas ou Daumier. Avoir ignoré Picasso, et préféré peindre son escalier et sa cour. Par la ville étrangère s'impose la scène même où on sait que le travail surgit plus fort que vous, où vous-mêmes êtes l'outil de votre discipline et pas le contraire.

Chop suey, 1929

L A VILLE DÉJÀ TENUE À distance derrière les vitrines et enseignes, mais vitrines et enseignes font appel à la ville, la laissent entrer. On dirait que le partage organique, qu'on mange et boive, permette par exception que les regards s'attirent ou se cherchent. À trente ans d'écart, la même double tubulure de cuivre à trente ans d'écart pour ouvrir les portes. La géométrie répétitive des lampes est remplacée par la géométrie répétitive des fenêtres mornes de la saignée sans ciel, au-dessus des vitrines vides. On accepte de son époque qu'elle vous impose des tables carrées et des sièges bleus, le corps même ravalé à l'automate, l'attente signifiée seulement par un idiot dossier de chaise.

Et le théâtre peint, quand on le dresse aux lumières, d'un regard qui en cherche un autre, dont les tables carrées et les sièges bleus le séparent, la mutilation du temps faite forme comme si l'esthétique des verseurs de sucre en poudre avait déteint sur celle des chevelures ou l'épilation convenue des sourcils.

APPRENDRE À PEINDRE, c'est apprendre à obéir : peut-être qu'il n'y a pas de lumière, peut-être qu'il ne passe personne — c'est encore le palier et la rampe d'escalier qui imposent leur loi, n'importe où que sont les fantômes de la ville. Ce qui vous impose de peindre, et de peindre ceci, cela part de quoi, en quelle langue vous apostrophe l'injonction silencieuse. Hopper dessine. Et puis il enlève du dessin ce que la ville avait déposé de trop. La toile alors, reprise dans le temps séparé de l'atelier, et l'odeur des huiles, le chevalet dressé, devient la ville bien plus que sa réalité même.

Avoir appris le métier de peintre, et laisser cela aux orties pour affronter cette seule simplification, au risque de plus rien à peindre, au risque d'une exacte répétition de ce qui existe sans besoin d'être peint. Non par une idée de sacrifice ou d'impuissance à inventer, mais décision volontaire que, là où on risque sa discipline et le plus haut engagement de travail, à cet endroit précis nous n'héritons d'aucun langage de la forme.

La ville ici est une menace sourde, elle n'offre pas aide ni secours. C'est pour cela que nous

avons à peindre, et qu'on s'en tiendra à ces
équerres, à cette mutité dure.

Route 6, Eastham, 1941

ET C'EST ENCORE la ville quand on en est loin.

C'est encore la ville quand on les relie de l'une à l'autre, et que les routes ne prouvent pas l'éloignement de la ville, mais simplement le trait horizontal pour l'échange continu d'une à l'autre au travers de ce qui résiste encore : le ciel a des couleurs.

Parce que ce qui tient de l'urbain n'appartient pas seulement à la ville, mais nous concerne en tant qu'intériorisé et porté par les hommes là où ils sont et là où ils vont, porteurs de l'autre et de leur temps, quand bien même il ne s'agit plus de l'espace immobile de la ville mais qu'on la fuie ou la rejoigne, qu'on soit soi-même là transporté sur la surface du monde et malgré la présence d'abord de la grande nature et de ce que le filet de la ville n'a pas contaminé : une route est toujours, la plus ancienne et la plus contemporaine, une aventure de risque entre ce que l'homme transforme et ce qui reste qui ne se résout pas à sa domination.

La route n'est pas indifférente, elle porte nom. La route est droite, annihilée par les diagonales de la toile, baissée pour le point de fuite.

Au-dessus sont les pylônes du téléphone, sans fils représentés. Sur les dessins, il s'agissait seulement d'électricité, on voyait les câbles.

Pourtant, la maison, si elle a été choisie ici, sur cette route (la Route 6, donc), c'est bien parce qu'elle ne garde, même dans son organisation simple et singulière, avec l'équerre, les portes et la perspective, ou bien surtout l'anonymat, aucune trace individuelle de cette présence qui fait énigme, qu'on poursuit quarante ans et qui sépare l'idée de ville du temps qui les sépare, par lequel nous allons de l'une à l'autre.

ET LA VILLE QUI se dit encore par sa
négation même du voyage. Elle produit
des objets neufs, ces objets sont normés, qu'on retrouve identiques du nord du pays au sud, et de
New-York à la Californie, ou bien plus loin. Les
éclairages et l'enseigne, le présentoir à bidons
d'huile aussi sont normés. Il faut citer l'objet neuf
et en faire objet de peinture mais le laisser dans sa
norme, avec l'enseigne, les éclairages ronds et le
présentoir à bidons d'huile.

Au soir venu, quand on est pompiste, on
note le relevé de compteur, avec les litres et les
francs (dollars, cents) pour faire sa caisse. Ce que
doit accepter le peintre, même si les objets neufs
du monde semblent trop banals et normés, c'est
eux que lui impose cette connaissance intime de la
relation de travail par quoi l'homme s'accorde à sa
vie neuve. Mais les peintres ont toujours eu cette
supériorité d'une compréhension quasi manuelle
de l'immédiat présent. Qu'on cherche, ici et
maintenant, l'image en nous-mêmes de l'objet :
on la retrouve comme image (souvenirs d'enfance,
ou des noms comme Caltex et Antar ou Elf), on
la trouve comme ruine sur nos propres nationales,

avec la piste cimentée et les vitrines vides, comme s'il nous fallait courir dans le vrai monde après ce que le peintre d'un seul coup a ramassé en entier.

Ici, devant la forêt et son herbe rousse, la silhouette courbée lève encore pour nous cette réflexion qui creuse notre propre aujourd'hui.

La leçon serait celle-ci : il ne suffit pas, c'est sûr, de convoquer l'objet neuf pour que cela devienne peinture. Mais seize ans après, d'un seul coup de zoom sur la piste de station-service, on reconnaît les mêmes éclairages ronds, le tuyau de caoutchouc enroulé.

La route a eu le temps de passer à quatre voies et repousser la forêt, pour que l'homme et la femme rejouent la scène originelle d'une dispute parmi l'immense isolement de qui est voué à ce qui relie sans s'arrêter la ville à la ville, quand le corps aux avant-bras nus n'a pas été avalé encore par les signes banalisés du monde d'aujourd'hui.

CETTE TOILE rarement reproduite de Hopper est pourtant une de celles qui me parlent le plus pour aujourd'hui, ou mon propre rapport de piéton à nos villes de provinces, ou au bord des grandes villes.

Au carrefour, à droite l'enseigne à nouveau d'une station-service, un pylône de téléphone privé de ses fils, et toute cette présence de la ville encore plus manifeste parce que retenue, juste trois habitats et deux commerces, en face d'une station-service, une silhouette aussi maladroitement faite qu'un jouet posé (la décision volontaire que la silhouette ne soit que citation d'échelle, et qu'à elle soit refusée la présence que nous imposent et les pylônes et les fenêtres, et l'enseigne de la station-service coupée, avec ses pneus de réclame).

On dirait que le ciel réfléchit cette concentration brève de présence urbaine dans son immobilité fascinante. Dans le restaurant chinois dont on voit l'enseigne, combien étaient-ils ce soir du même jour où le peintre, la tête vide, les mains pesantes, et ses carnets de dessin au crayon Conté posés sur le siège arrière de la voiture, avec

les indications de couleur déjà repérées à sa ma-
nière par autant de petites flèches, est entré dîner
après peindre ?

MALHEUREUSEMENT, les livres et documents qui nous informent de la vie et de la chronologie ou de la technique des peintres qui comptent, se moquent bien de nous informer de quelle était la marque de sa voiture, et si c'était une de leurs habitudes privilégiées que ces excursions avec chacun son matériel d'aquarelliste – et pourquoi ce jour-là Edward Hopper a quitté sa place de conducteur pour la banquette arrière, mais plutôt que de dessiner le paysage recherché, a choisi pour son thème de travail la façon dont, pour peindre, Jo s'accommode de la voiture.

La marque et le type de cette voiture, à levier de boîte automatique au volant et klaxon par cette tringle inox circulaire : ce qu'il faudrait savoir d'un peintre c'est aussi cela, les voitures et où on les achète, ce qu'on attache à la clé de contact, tous objets qui induisent une représentation neuve parce qu'ils ne font pas partie encore de l'univers établi des représentations.

Et leçon toute simple : le lieu de la peinture, c'est elle-même. Celle qui peint, et fait par cela même de leur voiture un atelier plus grand que les montagnes qu'elle ébauche. Ce qu'il inscrit, par le temps de la montagne ébauchée à l'aquarelle (puisque surgissant à l'aquarelle sous les mains de Jo), c'est la mécanique du présent, celle qui passe par l'automobile.

Solitude, 1944

ALORS ENCORE cette image de route.
Solitude évidemment de celui qui va
vers l'énigme, simplement parce qu'il se sépare de
nous. Le peintre a passé de l'autre côté, a garé sa
voiture et est entré dans le restaurant vide.

Solitude de ce qui reste vie complète dans
l'immense contraste de ce qui fuit et passe, rien de
neuf dans l'histoire de la peinture. La maison près
de la route témoigne de notre pauvre usage du
moderne : déni à l'architecture puisqu'il s'agit à
peine d'une boîte avec toit, qu'on pourrait soule-
ver du doigt, on dirait, pour la poser un peu plus
loin et c'est cela aussi, la ville, même ici dans la
forêt et l'isolement du bord de route.

La ville c'est ce qu'on transporte avec soi.
C'est chacun, et c'est dedans : secrets, chambres
et passé compris.

ET L'AUBE vient, et avec elle le temps.
La ville ne se résout pas à d'autre horloge qu'elle-même. On l'a saisie la nuit, au soir, dans l'immobilité du jour.

Mais on dirait que se cherche ici un autre moment de bascule. Voilà que soudain on lève le regard sur la ville. Il faut pour cela le matin, et que la ville elle-même soit offerte ou ouverte aux lumières.

Il faut pour lever le regard vers la ville comme une scène sacrificielle : on n'a pas encore les attributs de la ville. On est nu. Le corps n'a pas d'autre limite que lui-même, et encore une fois il y a le trièdre, encore une fois il y a la couche.

On revient de l'abandon, on revient des rêves où forcément si la ville transparaît elle est rouge, forcément elle nous impose ses saignées anonymes et ses lumières bien plus égales sur la toile que dans la réalité complexe.

Et la ville accepte de n'être pas encore bruit et grondement et terrible laminage des gestes, mais simplement ce par quoi on la rêve, un témoignage ocre avec géométrie simple, la ville en général, anonyme et sans accroche à la terre, la

ville des hommes partout où son ciment escalade
le ciel.

Ce qui compte, quand ainsi on se lève nu,
dans la lumière, avant d'en revenir à la vie des
hommes, c'est le rêve de ville — et que ce rêve est
rouge.

MATIN DANS UNE VILLE: article indéfini. Comme la fenêtre, comme la rencontre, comme nous au-dedans.

Ce qui est impressionnant dans la dernière mutation du peintre, c'est ce travail qui peut désormais délaisser et la ville et le corps, pour ne creuser et peindre que ce qui les assemble dans le partage : la lumière, et la lumière est cette traversée même par quoi le corps et la ville deviennent mouvement qui les assemble, et c'est le plus ancien de peindre qui se renouvelle. Il suffit de la précision, ici, de la glissière d'une la fenêtre ouverte, là des draps dépliés d'une couche, pour que la ville soit définitivement symétrie égale au corps.

De l'autre côté de la rue, il y a deux fenêtres avec encore le store descendu à moitié. La femme est debout et c'est plus un sacrifice qu'une offrande.

EN 1965, à près de quatre-vingt-trois ans, le peintre viendra saluer : le salut de deux comédiens (et la mort sur leur visage de Pierrot costumés), ou ce wagon aux fenêtres opaques, emportant quatre passagers qui s'ignorent vers quelque chose dont on ne sait que la vague lumière, rien n'indiquant la direction ni le sens du voyage.

Au-dehors n'est pas la ville, mais la géométrie humaine, ce par quoi on habite la terre et qui fait les villes, ici désigné par l'angle rentrant des murs, une moulure de plinthe, et cette fenêtre encore. Telle est la façon dont la pièce est vue, que le peintre seul puisse faire le pas en avant qui l'amènera dans la lumière.

On a marché dans cette ville de fiction, en quarante ans rassemblée, obsessivement centrale, récurrente. Et on retourne nous aussi dans cette ville si longtemps peinte pour chercher notre propre idée de la ville, celle qu'il nous ouvre à l'intérieur des yeux, notre ville.

Tiers Livre Éditeur

www.tierslivre.net

www.ingramcontent.com/pod-product-compliance
Lightning Source LLC
Chambersburg PA
CBHW021415170526
45164CB00002B/656